Die 101 häufigsten Fehler
beim Englischlernen

Die 101 häufigsten Fehler beim Englischlernen

1. Auflage   1 ⁵ ⁴ ³ ² ¹ | 2018 17 16 15 14

Der Autor Tonio Reuter (geb. Utzig), aufgewachsen im niedersächsischen Georgsmarienhütte, unterrichtet am Albertus-Magnus-Gymnasium in Ettlingen die Fächer Englisch, Latein und Spanisch.

© Ernst Klett Sprachen GmbH, Rotebühlstraße 77, 70178 Stuttgart, 2014.
Internetadresse: www.klett.de / www.lektueren.com

Redaktion: Debby Böhm
Layoutkonzeption: Sandra Vrabec
Satz: Satzkasten, Stuttgart
Umschlaggestaltung: Elmar Feuerbach
Druck und Bindung: AZ Druck und Datentechnik GmbH, Kempten
Printed in Germany

ISBN 978-3-12-519556-1

Inhalt

Vorwort

Liebe Englischlernende,

wäre es nicht praktisch, sich den weitaus größten Teil seiner Fehler in kürzester Zeit abzugewöhnen? Denn das ist die Grundidee dieses Büchleins: Ob Siebtklässler oder Abiturient, ob Student oder Geschäftsreisender, die vorliegenden 101 häufigsten Fehler sind typisch für alle Englischlernenden, insbesondere diejenigen mit Deutsch als Muttersprache. Zu Hause oder unterwegs - das kleine, handliche Format passt in jede Hosentasche.

Die 101 häufigsten Fehler gliedern sich nach den Themen Rechtschreibung, Grammatik, Übersetzung, Verwechslungen, Zeichensetzung und Stil. Pro Seite wird übersichtlich nur ein Fehler behandelt. Viele Fehler können natürlich mehreren Gebieten zugerechnet werden: So werten manche Lehrer den Fehler *live* statt *life* als Rechtschreibfehler, andere aber als Grammatikfehler. Die einzelnen Seiten bauen nicht aufeinander auf, so dass man eine beliebige Reihenfolge wählen kann.

Abgerundet wird das Buch durch wertvolle Tipps zur Aussprache, zum Umgang mit dem Lexikon und zum richtigen Zitieren. Denn auch hier werden immer wieder dieselben, unnötigen Fehler gemacht.

Selbstverständlich hat dieses Büchlein nicht den Anspruch, eine ausführliche Grammatik zu ersetzen. Aber: Auch bei einem komplexen Thema wie beispielsweise dem Unterschied zwischen *Present Perfect* und *Past* leisten die Beispiele und Tipps wertvolle Hilfe zur Vermeidung der häufigsten Fehler.

Übersicht über die verwendeten Abkürzungen

adj	*adjective*
adv	*adverb*
AE	*American English*
BE	*British English*
etw.	etwas
frz.	französisch
jdm.	jemandem
jdn.	jemanden
l. / ll.	*line / lines*
p. / pp.	*page / pages*
P.	Person
Pl.	Plural
sb	*somebody*
Sg.	Singular
sth	*something*
z. B.	zum Beispiel

 = Top Ten Fehler

↑ = Querverweis auf ähnlichen Fehler

> Diese Box enthält allgemeine Hinweise. ⓘ

| Hier wird eine Regel aufgeführt.

> Diese Box enthält Hinweise auf Fehler, die besonders oft gemacht werden.

Übersicht über die verwendeten Lautzeichen

Die in diesem Buch verwendeten Lautzeichen folgen dem aktuellen *Cambridge English Pronouncing Dictionary, 17. Ausgabe* mit einigen Vereinfachungen gemäß den gängigen Lehrwerken.

['] bedeutet, dass die folgende Silbe die stärkste Betonung hat: *global* ['gləʊbəl],
[ˌ] bedeutet, dass die folgende Silbe die zweitstärkste Betonung hat: *globalization* [ˌgləʊbəlaɪˈzeɪʃn]

[ɪ]	in
[e]	yes
[æ]	can
[ʌ]	sun
[ɒ]	job *nur BE*
[ʊ]	good
[ə]	potato [pəˈteɪtəʊ]

[iː]	meet
[ɑː]	car
[ɔː]	law
[uː]	school
[ɜː]	bird

[eɪ]	name
[aɪ]	my
[ɔɪ]	toy
[əʊ]	boat
[aʊ]	now
[ɪə]	here
[eə]	where
[ʊə]	tourist

[p]	pub
[t]	table
[k]	cat
[f]	fat
[θ]	thanks
[s]	son
[ʃ]	she
[h]	he
[m]	my
[n]	now
[ŋ]	thing
[b]	bye
[d]	down
[g]	good
[v]	van
[ð]	this
[z]	is
[ʒ]	television
[l]	like
[r]	red
[j]	yes
[w]	wet
[tʃ]	chin
[dʒ]	German
[i]	react [riˈækt], happy [ˈhæpi]
[u]	to own [tuˈəʊn], influenza [influˈenzə]

I. Rechtschreibung – Spelling

1. Plural auf –ives

> Wörter mit **-f** im Auslaut werden im Plural in der Regel abgeschwächt zu einem **v** (stimmhafte Aussprache beachten: [f] → [v]!).

Die häufigsten Beispiele:

Singular [f]	Plural [vz]
life	lives
wife	wives
knife	knives
thief	thieves
shelf	shelves
myself	ourselves

Ausnahme: *belief → beliefs*

> ⓘ
> Die meisten **Verben** aus der entsprechenden Wortfamilie haben ebenfalls einen abgeschwächten Auslaut:
> *to live, to thieve, to believe*

↑ II. Grammatik #18

Check! ☐

2. Adjektive: Geographie und Religion

Im Gegensatz zum Deutschen müssen *geographische* Herkunftsbezeichnungen immer groß geschrieben werden, sogar wenn es sich um *Adjektive* handelt:

Let's talk about the **E**nglish weather.
I like **A**sian food.
What about the **E**uropean idea?

ⓘ

Vor *European* wird *a* trotz vermeintlichem Folge-vokal **nicht** zu *an*, da phonetisch ein Konsonant [j] folgt.

Gleiches gilt für Adjektive aus dem Bereich *Religion*:

Our maths teacher used to be a **B**uddhist monk.
Many people are afraid of an **I**slamic revolution.
Remember the **J**ewish teacher?
A lot of Europeans belong to the **C**hristian faith group.

Check! ☐

3. disappear & disappoint

Wörter mit der Vorsilbe *dis-* werden gerne fälschlicherweise mit zwei **s** geschrieben. Dabei gibt es das zweite **s** nur, wenn das ursprüngliche Wort (ohne Vorsilbe) bereits mit **s** anfängt wie z. B.:

solve (lösen) → di**ss**olve (auflösen)

Anders sieht es aus bei diesen häufigen Verben:

appear (erscheinen) → di**s**appear (verschwinden)
appoint (ernennen) → di**s**appoint (enttäuschen)

Außerdem sollte man beachten, dass sowohl *disappear* als auch *disappoint* mit **zwei p** geschrieben werden.

Die Wortart spielt dabei natürlich keine Rolle:
*to di**s**a**pp**oint – the di**s**a**pp**ointment – di**s**a**pp**ointing*

Check!

4. y → ies

Gegen diese Regel, die eigentlich jeder kennt, wird sehr häufig verstoßen:

> Die Endung -**y** wird zu –**ies** bei:
> • Verben in der 3. P. Sg.
> • Substantiven im Plural.

Beispiele:

one bab**y**	→	many bab**ies**
one hobb**y**	→	many hobb**ies**
one countr**y**	→	many countr**ies**
to tid**y**	→	he tid**ies**
to tr**y**	→	she tr**ies**

Dies gilt nicht für Verben und Substantive, bei denen dem **y** ein Vokal vorangeht, z. B.:

to pla**y**	→	she pla**ys**
to bu**y**	→	he bu**ys**
da**y**	→	da**ys**

> ⓘ
> Im **Deutschen** schreibt man den Plural englischer Lehnwörter dagegen **mit y:** Bab**ys**, Hobb**ys**.

Check! ☐

5. Stummes *e* – o weh!

Das stumme **e** in der Endung folgender Adjektive wird häufig, offenbar in Anlehnung an das Deutsche, vergessen. Diese Gefahr erhöht sich, wenn aus dem Adjektiv ein Adverb wird.

Adj.	Adv.
complet**e**	complet**e**ly
extrem**e**	extrem**e**ly
positi**ve**	positi**ve**ly
acti**ve**	acti**ve**ly
massi**ve**	massi**ve**ly
negati**ve**	negati**ve**ly

Bei *immediately* und *definitely* (als Adjektive selten) kommen noch verschiedene Vokalvertauschungen hinzu. Da hilft nur: genau einprägen und immer wieder schreiben üben. Bei letzterem kann man sich für die Anfangsvokale immerhin am deutschen *definitiv* orientieren.

Auch Verben auf **–en** sind in puncto stummes **e** fehleranfällig, und zwar in den regelmäßigen Vergangenheitsformen:

to happen	→	happen**e**d
to threaten	→	threaten**e**d
to strengthen	→	strengthen**e**d

Check! ☐

6. being & seeing

Insbesondere *being* wird gerne mit einem zweiten **e** geschrieben, obwohl es mit der Biene (*bee*) nichts zu tun hat.

Für die vollkommen regelmäßige (!) Bildung der **ing**-Form orientiere man sich schlicht am Infinitiv:

    to b**e** → b**e**ing
    to s**ee** → s**ee**ing

Überhaupt dürfte der orthographische Teil der **ing**-Form eigentlich kaum Anlass zu Problemen geben. Lediglich bei den wenigen Verben auf **-ie** muss man die Umwandlung zu **y** beachten, um die Buchstabenkombination **iei** zu vermeiden:

    to l**ie** → l**y**ing

7. lose, choose & shoot

> Ein Klassiker unter den Rechtschreibfehlern ist das doppelte **o** beim Verb *to lose* – dabei gibt es immerhin den Merkspruch: *„To lose loses one o".*

Allerdings: *loose* gibt es wirklich, doch das ist ein Adjektiv und wird auch anders ausgesprochen:

Englisch	Lautschrift	Wortart	Deutsch
to lose	[luːz]	Verb	verlieren
loss	[lɒs]	Substantiv	Verlust
loose (!)	[luːs]	Adjektiv	locker, lose

Bei *choose* und *shoot* dagegen ist das Doppel-**o** im Präsens richtig. Dafür gibt es hier des Öfteren Schwierigkeiten mit den Stammformen:

Infinitiv	Past	Participle	Deutsch	Subst.
to lose	lost	lost	verlieren	loss
to choose	chose	chosen	wählen	choice
to shoot	shot	shot	schießen	shot

Check!

8. divide, describe & decide

Die Unsicherheit, die sich beim Schreiben des unbetonten Anlauts ergibt, ist unnötig. Man bediene sich einfach der entsprechenden deutschen Fremdwörter:

*to **di**vide (teilen, trennen)*
So sollten *Division* und *dividieren* eigentlich jedem trotz manch unschöner Erinnerung aus dem Mathematikunterricht bekannt sein.

> ⓘ
> Übrigens wird ***to divide*** hin und wieder mit ***to share*** verwechselt; das heißt zwar auch *teilen*, aber meint *gemeinsam untereinander aufteilen*.

*to **de**scribe (**be**schreiben)*
Das deutsche Adjektiv *de**skriptiv*** gibt es zwar eher selten, verhilft aber trotzdem zur richtigen englischen Schreibweise.
Generell entspricht zudem die englische Vorsilbe **de-** der deutschen **be-**, wie auch das nächste Beispiel zeigt:

*to **de**cide (**be**stimmen, entscheiden)*
Man kann sich dafür am Adjektiv *de**zidiert*** orientieren. „Lateiner" könnten außerdem auf das Ursprungsverb *de**cidere*** zurückgreifen, „Franzosen" auf das daraus entstandene *dé**cider***.

Check! ☐

Französischlehrer scheinen in ihrem Bemühen um korrekte Schreibweise so durchschlagenden Erfolg zu haben, dass es sich bisweilen ins Englische auswirkt. Das zeigt sich besonders bei diesen beiden Wörtern:

government (Regierung)
In Anlehnung an frz. *gouvernement* folgt häufig dem **o** ein **u** und zwischen **n** und **m** mogelt sich ein **e**.

apartment (Wohnung)
Auch hier sorgt das frz. *appartement* für gleich zwei überflüssige Buchstaben: das zweite **p** und das stumme **e** zwischen **t** und **m**.

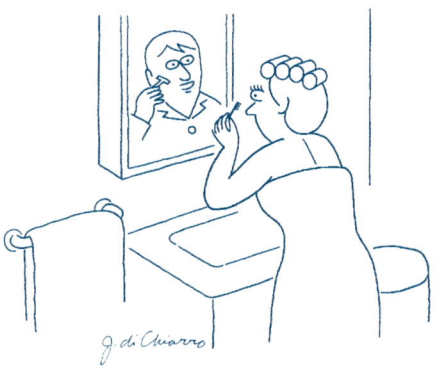

"Hi. I'm Stan from the apartment next door."

Check! ☐

> Beide Wörter bestehen aus gleich **drei Doppelbuchstaben**.

committee

Obwohl das lateinische Verb *committere* in vielen modernen Sprachen weiterlebt, behält nur das Englische konsequent die Doppelkonsonanten bei. Die fehlerhafte Schreibung kommt vermutlich auch daher, dass man das deutsche *Komitee* ganz anders schreibt.

Mississippi

Der legendäre amerikanische Fluss hat schon zahlreiche Varianten an Schreibfehlern ertragen müssen. Unnötig, denn man kann sich leicht merken, dass alle Konsonanten (das **m** im Anlaut zählt natürlich nicht dazu) doppelt auftauchen.

> (i)
> Mississippi ist übrigens nicht nur ein Fluss, sondern auch ein Staat der USA.

opinion (Meinung) – kein zweites **p**!
Obwohl auch in den romanischen Sprachen *die Meinung* nur mit einem **p** geschrieben wird, wird ihr doch gerne ein zweites **p** spendiert, offenbar in Anlehnung an *oppress* usw.

resources (Rohstoffe, Mittel) – kein zweites **s**!
Dieser häufige Fehler dürfte bedingt sein durch die meist stimmlose Aussprache des **s** und das Doppel-**s** des deutschen Lehnwortes *Ressourcen*.

address (Adresse) – zwei **d**!
Bei *address* dagegen wirkt tatsächlich die deutsche *Adresse* nach.

If you give me your email address,
I'll put you on my mailing list for next year.

Check! ☐

12. criticize (oder doch criticise?)

Grundsätzlich gilt, dass die Endung **-ize** schon immer richtig war und auch weiterhin ist. Allerdings hat sich im britischen Englisch die Endung **-ise** eingebürgert. Wer also eher zu britischer Schreibweise tendiert, sollte neben z. B. *honour* auch *organise* schreiben. Das gilt für alle Verben auf **-ize**, die übrigens recht häufig vorkommen:

Amerikanische Schreibweise	Britische Schreibweise
to realize	to realise
to analyze	to analyse
to organize	to organise
to visualize	to visualise
to criticize	to criticise

Von dem Problem der Endung abgesehen wird das zweite **c** bei *criticize* irrtümlich gerne durch ein **s** ersetzt, möglicherweise „inspiriert" durch das deutsche *kritisieren*.
(↑ IV. Verwechslungen #74)

13. another

> Dieses häufige, nützliche Wörtchen wird meist
> auseinandergerissen; *another* bleibt aber stets **ein**
> Wort.

Hinzu kommt ein Problem mit der genauen Bedeutung:
another wird immer wieder als Übersetzung des
deutschen *ein/e andere/r/s* herangezogen, dabei liegt
die Betonung aber eher auf *noch eine/r/s*, z. B.:

I'd like **another** piece of cake.
Ich hätte gerne **noch ein** Stück Kuchen.

Aber:

It's a **different** culture.
Es ist eine **andere** Kultur.

In diesem Zusammenhang passt *another* nicht.

Check!

14. [iː] – ea, ee, e, ie oder ei?

Zwar wird das lange [iː] im Englischen meistens mit **ea** oder **ee** (z. B. in *see* und *sea*) geschrieben, doch leider gibt es noch einige andere Möglichkeiten.

Besonders folgende Wörter werden deshalb oft falsch geschrieben:

Englisch	Aussprache	Deutsch
p**ea**ce	[piːs]	Frieden
p**ie**ce		Stück
bel**ie**ve	[bɪˈliːv]	glauben
rel**ie**ve	[rɪˈliːv]	erleichtern
rec**ei**ve	[rɪˈsiːv]	bekommen
dec**ei**ve	[dɪˈsiːv]	täuschen

Check! ☐

Meine Notizen:

II. Grammatik – Grammar

15. he-she-it...

...das **s** muss mit!
Obwohl es doch jeder eigentlich weiß, ist das fehlende
–s in der 3. P. Sg. in jeder Klassenstufe einer der
häufigsten Fehler.

Zur Erinnerung noch einmal die Grundregeln:

1. Grundsätzlich wird im Simple Present in
   der 3. Person Singular ein **s** an den Infinitiv
   angehängt, z. B.: he cut**s**.

2. Nach Zischlauten [s, z, ʃ, tʃ] wird zudem ein **e**
   eingefügt (und als zusätzliche Silbe gesprochen):
   *he miss**es**, he push**es**, he touch**es***.

3. Verben auf **–y** verwandeln sich in **–ies**:
   to try → he tr**ies**

4. Unregelmäßig sind *do* und *go*: he do**es**, he go**es.**

5. Modalverben wie can, may, might usw. haben
   kein -s: **He can** sing a song.

6. **Ein –s** reicht: Bei Konstruktionen mit Hilfsverb
   (Verneinung, Ja/Nein-Fragen) nimmt das Hilfsverb
   das **–s**, das Vollverb bleibt im Infinitiv und darf
   daher kein **–s** erhalten. Zum Beispiel:
   He do**es**n't tr**y**.

Check! ☐

16. Die uncountables

> Uncountables haben **keinen Plural**, z. B.:
> *information, vocab(ulary), advice, evidence, homework,*
> *work, food, scenery* u. a.

Es gibt im Englischen zahlreiche Substantive, die nicht zählbar sind, eben *uncountable*. Daher ist bei ihnen, oft im Gegensatz zum Deutschen, weder die Pluralbildung noch die Zählung mit *a* oder *one* möglich.

„Meine Hausaufgaben" sind also *my homework* oder einfach nur *homework*. Wer unbedingt „zählen" will, muss entweder umformulieren (z. B. *a homework assignment*, *a piece of advice*) oder zählbare Synonyme finden (wie *words* anstelle von *vocabulary*).

I need **some information**.
Ich brauche Informationen.

I have to learn **my vocab/vocabulary/words.**
Ich muss meine Vokabeln lernen.

> ⓘ
> Viele *uncountables* sind auch im Deutschen unzählbar und daher kaum fehleranfällig, z. B.:
> *money, time, ink, fruit, furniture, sugar, butter, milk*
> u. a.

Check! ☐

Hier entscheidet die benötigte Wortart über die korrekte Schreibweise:

Substantive	Verben
advice	to advise
practice	to practise

Im amerikanischen Englisch wird übrigens auch das Verb *to practice* meist mit **c** geschrieben, nicht aber *to advise*.

Who(m) can we ask for some advice?
I don't know. But let me advise you to be quiet.

When is choir practice?
Today. We really need to practise a lot.

Sowohl *advice* als auch *practice* gehören zu den *uncountables* (↑ II. Grammatik #16). Daher bitte nie ~~an advice~~.

Check! ☐

18. Life oder live? 🪰

Auch hier entscheidet die Wortart über die
Schreibweise. Verständlich, dass es dabei leicht zu
Fehlern kommen kann:

Wortart	Englisch	Aussprache	Deutsch
Subst. Sg.	life	[laɪf]	das Leben
Subst. Pl.	lives	[laɪvz]	die Leben
Verb	to live	[lɪv]	leben
Adjektiv	alive	[ə'laɪv]	lebendig
	live	[laɪv]	„live"

Nicht gerade hilfreich ist übrigens dabei die deutsche
„**Live**-Übertragung": Der harte deutsche f-Auslaut
ist eigentlich im Englischen ein stimmhaftes, kaum
hörbares **w** [v].

(↑ I. Rechtschreibung #1)

Das Wichtigste in Kürze: Ein Adjektiv beschreibt das ihm zugehörige Substantiv näher, ein Adverb das Verb (oder sogar ein anderes Adjektiv):

Er ist schlau.   He is clever.

Er liest langsam.   He reads slow**ly**.

Bei Prädikaten mit einer Form von *to be* steht grundsätzlich das **Adjektiv**:

He is happy.

Wenn ein Adjektiv durch ein weiteres Adjektiv näher beschrieben wird, verwandelt dieses sich in ein **Adverb**:

He is extreme**ly** happy.

Bei dem häufigen Verb *to treat* sollte man sich einprägen, dass es immer ein Adverb verlangt:

He treats me bad**ly**.

Check!

20. Adverbien: Ausnahmen

Es gibt Fälle, in denen Adjektiv und Adverb gleich sind:

Adjektiv und Adverb	Deutsch
fast	schnell
low	niedrig
right	richtig
late	spät
hard	hart, fest

Einige Adverbien sind nur scheinbar von Adjektiven abgeleitet, unterscheiden sich aber in der Bedeutung:

Adjektiv	Adverb	Deutsch
—	hardly	kaum
—	lately	in letzter Zeit
—	shortly	in Kürze
short	(briefly)	kurz

Außerdem gibt es auch noch Adjektive, die aussehen wie Adverbien, aber keine sind. Dazu gehören:
cowardly (feige), *deadly* (tödlich), *friendly* (freundlich), *lonely* (einsam), *lovely* (schön, nett), *silly* (albern).
Diese müssen als Adverb umschrieben werden mit
in a ... way.

Check! ☐

Der feine Unterschied zwischen diesen beiden Verbpaaren ist dem Deutschen fremd. Dabei ist alles eine Frage der Perspektive, und zwar der des Sprechers:

Wenn ich jemandem etwas bringe oder ausleihe (also vom Sprecher weg), dann muss das auf Englisch mit *take* bzw. *lend* wiedergegeben werden. Wenn mir aber etwas gebracht wird oder ich von jemandem etwas ausleihe (also zum Sprecher hin), dann braucht man *bring* bzw. *borrow*:

Could you **take** this book to the library, please?
Kannst du dieses Buch bitte in die Bücherei **bringen**?

I'm going to **lend** my car to Amy.
Ich werde Amy mein Auto **(aus)leihen**.

Can you **bring** me the book, please?
Kannst du mir bitte das Buch **bringen**?

Can I **borrow** your pencil, please?
Kann ich bitte deinen Bleistift **ausleihen**?/
Kannst du mir bitte deinen Bleistift **leihen**?

Generell gibt es das deutsche Verb *bringen* wesentlich häufiger als das englische **bring**.

Check!

22. most

Mit diesem alltäglichen Wörtchen tun sich die *meisten* Schüler schwer, denn im Deutschen darf der bestimmte Artikel nicht fehlen. Ganz im Gegenteil dazu darf er aber im Englischen auf keinen Fall gesetzt werden:

Most students love English.
Die meisten Schüler lieben Englisch.

Most politicians promise miracles.
Die meisten Politiker versprechen Wunder.

Eine Ausnahme gibt es allerdings: Wenn *most* **Teil des Superlativs** ist und so auch nicht mehr „die meisten" bedeutet:

English is **the most beautiful** language.
Englisch ist **die schönste** Sprache.

Die richtige Präposition zu finden gehört zu den größten Schwierigkeiten, die sich beim Erlernen einer fremden Sprache ergeben. Eine davon ist die scheinbare Ähnlichkeit zwischen *bei* und **by** und die daraus resultierenden typischen Fehler:

Deutsch	Englisch
ein Buch **von** Dickens	a book **by** Dickens
ein Film **von** Spielberg	a film **by** Spielberg
bis (spätestens) Dezember	**by** December

Aber:

Deutsch	Englisch
bei meiner Oma	**at** my grandma's (house)
bei James	**at** James's (house)
bei dir	**at** your place/house

Check! ☐

24. Präpositionen II: of = für?

Der möglicherweise häufigste Präpositionsfehler
passiert, wenn *für* arglos mit *for* übersetzt wird, denn
die folgenden vier Wörter verlangen *of*:

Englisch	Deutsch
an example **of**	ein Beispiel **für**
typical **of**	typisch **für**
a sign **of**	ein Zeichen **für**
a symbol **of**	ein Symbol **für**

Übrigens dürfte das unscheinbare *of* das Wort sein, das
am häufigsten falsch ausgesprochen wird:
In *„the Queen of England"* z. B. schenkt der typische
Deutsche dem *of* ein deutliches **o** und einen harten
f-Auslaut (↑ VII. Verschiedenes C); im Englischen
dagegen vernimmt man, wenn überhaupt, nur ein ganz
sanftes **w** [v] am Schluss. Das **o** wird als kaum hörbares
„Schwa" gesprochen, wie die Lautschrift zeigt: [əv].

25. Präpositionen III: zu und nach Hause

Und hier noch ein drittes Paket klassischer Präpositionsfehler, besonders bei Anfängern:

Deutsch	Englisch
nach Hause	home
zu Hause	at home
in der Schule	at school

I want to go **home** now.
Ich will jetzt **nach Hause** gehen.

O dear, I left/forgot my homework **at home**.
Oje, ich habe meine Hausaufgaben **zu Hause** vergessen.

Und wo wir gerade dabei sind:
In der Schule heißt meistens *at school*.

Linda's umbrella is **at school**.
Lindas Regenschirm ist **in der Schule**.

Check! ☐

26. men, women, children

Der unregelmäßige Plural dieser drei Wörter zählt zu den verbreitetsten Fehlern, mitunter mit amüsanten Folgen, z. B.: *"He wants to marry his women."* Einmal abgesehen davon, dass der Plural vermutlich nicht gewollt war, sollte *woman* hier sowieso besser durch *girlfriend* oder *fiancée* ersetzt werden (↑ III. Übersetzung #45).

Singular	Plural
man	men
woman	women ['wɪmɪn]
child	children

Vorsicht: Bei diesen Wörtern steht der Apostroph beim **s**-Genitiv auch im Plural **vor** dem **s** (↑ II. Grammatik #32):

Singular	Plural
a man's world	the men's idea
a woman's world	the women's idea
a child's world	the children's idea

ⓘ
- *fiancé* [fiˈɒnseɪ] – der Verlobte
- *fiancée* [fiˈɒnseɪ] – die Verlobte
- *to be engaged to* – verlobt sein mit

Check! ☐

Zur Wiederholung das Wichtigste in Kürze:

Adjektiv-Art	Beispiel	Komparativ
einsilbige	young	young**er**
zweisilbige auf -y	easy	easi**er**
übrige	difficult	**more** difficult
Ausnahmen	good	better
	bad	worse

In diesen drei Fällen geht des Öfteren etwas schief:

1. worse
Der Komparativ zu *bad* ist unregelmäßig und heißt *worse* (ohne **-r** am Ende!).

2. „Doppelt gemoppelt"
Manchmal werden gleich beide Komparativarten gemeinsam angewandt: ~~more easier~~. Das ist aber immer falsch.

3. Komparativ des Adverbs:
Dieser wird mit *more* gebildet, das **-ly** bleibt!

	Positiv	Komparativ
Adjektiv	easy	easi**er**
Adverb	easily	**more** easily

Check!

28. whose & who's

Nicht nur im Deutschen, sondern auch im Englischen sorgt der unbeliebte Genitiv immer wieder für Schwierigkeiten, auch wenn sich diese beiden Wörter nur schriftlich unterscheiden:

Whose book is this?
Wessen Buch ist das (umgs.: „Wem sein…?")

Is this the boy **whose** parents won the prize?
Ist das der Junge, **dessen** Eltern den Preis gewonnen haben?

Aber:

Who's Harry Potter?
Wer ist Harry Potter?

Bei Unsicherheiten hilft es zu prüfen, ob man *who is* sagen könnte, ohne dass der Satz unsinnig wird:

Englisch	Deutsch
who's (= who is)	wer ist
whose	wessen, dessen

Unscheinbar lauert auch bei einem alltäglichen Verb wie *meet* eine kleine Falle, da im Deutschen nur ein „reflexives" Treffen möglich ist: Wir **treffen uns**.

They **met** at the station.
Sie **trafen sich** am Bahnhof.

When did you first **meet**?
Wann habt ihr **euch kennen gelernt**?

Das gleiche gilt für *reconcile*:

Will they ever be able to **reconcile**?
Werden sie **sich** jemals **versöhnen** können?

"Have we met before? You look familiar."

familiar = bekannt (≠ familiär!)

Check! ☐

30. Singular vs. Plural

Im deutsch-englischen Vergleich unterscheiden sich
eine ganze Reihe von Wörtern im Numerus:

Deutsch: Singular	Englisch: Plural
die Brille	glasses
die Jeans	(a pair of) jeans
die Umgebung	the surroundings
das Hauptquartier	headquarters

Noch schwieriger wird es in folgenden Fällen:

1. Substantiv scheinbar im Plural, Verb im Singular:
   The **US is** a big country.
   This **is** good **news**.

2. Substantiv scheinbar im Singular, Verb im Plural:
   The **police are watching** you.
   Manchester United have won the cup.

ⓘ

Generell können Singular-Substantive, die eine
Gruppe von einzelnen Menschen bezeichnen, mit
einem Verb im Plural verbunden werden, z. B.:
team, class, government, family u. a.

Folgende Substantive sind im Singular und Plural
sogar gleich:

deer (Reh/e), *fish* (Fisch/e), *trout* (Forelle/n),
means (Mittel), *offspring* (Nachkomme/n),
species (Art/en), *series* (Serie/n, Reihe/n)

Check! ☐

Bei diesen beiden Wörtern spielt der Numerus eine entscheidende Rolle. Als klassischer Fehler wird dem Pluralwort *people* gerne noch ein **s** hinzugefügt; doch dann werden aus den *Leuten* plötzlich ganze *Völker*:

Englisch	Deutsch
people (häufig)	die Leute
a people, the peoples (selten)	ein Volk, die Völker

Many **people** watch the world cup on TV.
Viele **Leute** schauen die WM im Fernsehen.

The indigenous **peoples** did not stand a chance.
Die eingeborenen **Völker** hatten keine Chance.

Check! ☐

32. Apostrophalarm bei *s*

Nachdem sich der sogenannte „Deppenapostroph" offenbar unwiderruflich in der deutschen Sprache festgesetzt hat (selbst in Wörtern wie *links* oder *mittags*), wird nun auch das Englische mehr und mehr „unterwandert".

Dabei wird ein Apostroph **nie** gesetzt bei:
* Verben in der 3. P. Sg. (*he want**s***)
* „normalen" Pluralformen (*ten gir**ls**, those boo**ks***)

Nur der **Genitiv** verlangt einen Apostroph:

Singular	Plural
the girl's book	the girls' day
Mr. Smith's house	the Smiths' house
Jame**s**'s book	—

Ebenso die **Kurzformen** von *has/is*:
* **He's** tired. (= He is tired.)
* **She's** written a book. (= She has written…)

33. **Verneinen mit** have **und** either

have

Als Vollverb muss *have*, genau wie jedes andere Verb, mit *don't* verneint werden:

I **don't have** any problems.
You **don't have** to do this.

Nur wenn es Hilfsverb (z. B. im Present Perfect oder in Verbindung mit *got*) ist, kommt die „Kurzverneinung" zum Einsatz:

We **haven't seen** them.
I **haven't got** any problems.

either

Wird *auch* verneint, hilft kein *too* und kein *also* – man braucht **either**:

He **has** got a bike.
I **have** got a bike **too**.

But he **doesn't have** a car.
I **don't have** a car **either**.

Check!

Diese beiden Präpositionen haben es gleich doppelt in sich. Zum einen werden sie häufig in der Bedeutung *seit* falsch angewandt, denn:

for bezeichnet einen **Zeitraum**:
  The diamond has been missing **for 200 years**.

since bezeichnet einen **Zeitpunkt**:
  The diamond has been missing **since 1814**.

ⓘ

Since als Konjunktion *seitdem*:
Manchmal leitet *since* in der Bedeutung *seitdem (also Konjunktion statt Präposition)* einen ganzen Satz ein. Die Beschreibung des Zeitraums bleibt aber im übergeordneten Satz, der daher mit dem Present Perfect gebildet werden muss (↑ II. Grammatik #36):

Ever **since** he **went** away, she **has** not **been** happy.
└── Zeitpunkt ──┘ └── Zeitraum ──┘

ⓘ

Since als Konjunktion *weil:*
Eine stilistisch gute Alternative zu *because*, besonders am Satzanfang:

  Since he works hard, he has got little time.

Check! ☐

Beide Präpositionen, egal ob *for* oder *since*, verlangen im Englischen **grundsätzlich** das **Present Perfect**. Das Deutsche ist, wie meistens, nicht so rigoros: Mal passt Perfekt, mal Präsens (Fehlerquelle!), mal beides.

I **have been looking** for this book **for** ten years!
Seit zehn Jahren **suche** ich (schon) dieses Buch!
Zehn Jahre (lang) **habe** ich (schon) dieses Buch **gesucht**!

She **has been playing** the guitar **since** 2004.
Seit 2004 **spielt** sie (schon) Gitarre.

Present Perfect Progressive vs. Present Perfect Simple
Für die zahlreichen Details bitte eine gute Grammatik zu Rate ziehen; für eine Faustregel ist jedoch genug Platz:

Aspekt	Beispiel	Tipp
Simple	I've seen the film.	Ergebnis; Tätigkeit beendet
Progressive	I've been reading the book.	Aktivität; Tätigkeit noch nicht beendet

Check! ☐

Im Gegensatz zum Deutschen unterscheidet das Englische sehr klar zwischen diesen beiden *Tenses*. Hier der wesentliche Unterschied:

> Das **Simple Past** beschreibt eine Handlung, die in der Vergangenheit begonnen und abgeschlossen wurde.
>
> In 2002 I **won** the lottery.
> Three days ago he **went** away.
>
> Das **Present Perfect** dagegen wird eingesetzt für eine Handlung, die in der Vergangenheit begonnen hat und bis heute andauert oder eine gewisse Wirkung bis heute hat.
>
> I **have** never **won** the lottery.
> He **has not been** home for three days.

Wem diese Erklärung zu kompliziert ist, dem helfen vielleicht folgende Signalwörter:

Past	Present Perfect
yesterday	never
last week	always
last year	for, since
three days ago	(not) yet
in 1948	until today
…	already
	…

Check! ☐

37. Dieses schreckliche Passiv

Obwohl es in kaum einer Sprache so einfach zu bilden ist, tun sich viele schwer mit dem englischen Passiv. Dabei dreht sich alles nur um die richtige Form von *to be*:

Personalpronomen + Form von *to be* + Past Participle

I	was	caught

Tense	1. P. Sg. Passiv		
present	I	am	caught
past	I	was	caught
present perfect	I	have been	caught
past perfect	I	had been	caught
future	I	will be	caught
future perfect	I	will have been	caught
conditional	I	would be	caught
conditional perfect	I	would have been	caught
present progressive	I	am being	caught
Infinitiv	to	be	caught

Wie man sieht, muss man nur die passende Form von *to be* bilden, ansonsten ändert sich nichts. Wenn es doch auf Deutsch auch so einfach wäre …

Check!

38. Wenn das Wörtchen IF nicht wär...

Die **If**-Sätze, eine unendliche Geschichte. Auch hier lohnt sich der Blick in eine gute Grammatik, die Grundstruktur aber lässt sich auf einer Seite zusammenfassen:

Typ 1: Simple Present – Future
  If I **win** the lottery, I **will buy** a new car.
  Wenn ich im Lotto **gewinne**, **kaufe** ich mir ein neues Auto.

Typ 2: Simple Past – Conditional
  If I **won** the lottery, I **would buy** a new car.
  Wenn ich im Lotto **gewänne/gewinnen würde**, **würde** ich mir ein neues Auto **kaufen**.

Typ 3a: Past Perfect – Conditional
  If I **had won** the lottery, I **would buy** a new car.
  Wenn ich im Lotto **gewonnen hätte**, **würde** ich mir [heute] ein neues Auto **kaufen**.

Typ 3b: Past Perfect – Conditional Perfect
  If I **had won** the lottery, I **would have bought** a new car.
  Wenn ich im Lotto **gewonnen hätte**, **hätte** ich mir [damals] ein neues Auto **gekauft**.

Merke:
  Nie *will* oder *would* im *if*-Teil.

So lässt sich der häufigste Fehler leicht vermeiden.

Check! ☐

Meine Notizen:

III. Übersetzung – Translation

Entsprechend der deutschen Satzstruktur wird hier gerne zu *that*, ~~*what*~~ gegriffen. Verständlich, aber man handelt sich gleich zwei Fehler auf einmal ein, sowohl im Satzbau als auch in der Zeichensetzung:

Learning your words is **what** counts.
Vokabeln lernen ist **das, was** zählt.

He didn't get **what** he wanted.
Er bekam nicht **das, was** er wollte.

Dabei darf, ebenfalls anders als im Deutschen, **kein Komma** gesetzt werden, da es sich um einen notwendigen Relativsatz (↑ V. Zeichensetzung #98) handelt.

Bei der Gelegenheit noch ein Tipp für die Profis: *what* als **Relativpronomen** ist eher selten und darf nur eingesetzt werden in der Bedeutung *the thing(s) which*:

What I really don't like is a boring teacher.
Was ich wirklich nicht mag, ist ein langweiliger Lehrer.

Ansonsten muss das **Relativpronomen** *was* mit *which* wiedergegeben werden:

It rained all day, **which** really annoyed me.
Es regnete den ganzen Tag, **was** mich sehr ärgerte.

Check!

40. lassen

Die verschiedenen deutschen Bedeutungen von *lassen* sorgen für zahlreiche Fehler bei der Anwendung im Englischen. Eine gute Grammatik hilft hier bei den Details weiter, doch als Faustregel können diese Beispiele helfen:

Lassen im Sinne von *erlauben*: let

Let him have his breakfast then.
Dann **lass** ihn frühstücken.

Let her talk!
Lass sie (aus)reden!

Lassen in Form einer Anweisung: have

He **has** his car repaired (by his friend).
Er **lässt** sein Auto (von seinem Freund) reparieren.

He **has** his friend repair his car.
Er **lässt** seinen Freund sein Auto reparieren.

Lassen im Sinne von *zurücklassen*: leave

They **left** me here alone.
Sie haben mich hier allein **gelassen**.

Check! ☐

Die vielen Facetten des Verbs *sollen* bilden ein ähnliches Minenfeld wie *lassen*. Aber ca. drei Viertel aller typischen Fehler könnten durch die Beachtung folgender Faustregel vermieden werden:

to be supposed to → soll

Am I **supposed** to tidy up my room myself?
Soll ich mein Zimmer etwa selbst aufräumen?

Yetis **are supposed to** live in Austria.
Yetis **sollen** (ja) in Österreich leben.

should → sollte

OK, I really **should** tidy up my room myself.
OK, ich **sollte** wirklich mein Zimmer selbst aufräumen.

You **should** really tell him.
Du **solltest** es ihm wirklich sagen.

How airbags **should** work.

Check! ☐

42. **Das kommt davon, wenn man** händelt

Zu Meinungsverschiedenheiten führt häufig die Suche nach einer passenden Übersetzung von *umgehen mit*, *jemanden (richtig) behandeln* oder gar neudeutsch *händeln*. Dafür kommen verschiedene ähnliche Verben in Frage. Gerne wird dann *to handle* eingesetzt, das auf Englisch aber — anders als *to deal* und *to cope* — ein direktes Objekt hat und nicht etwa mit *with* angeschlossen wird.

> She knows how to **cope with** children.
> She knows how to **deal with** children.
> Sie weiß, wie man mit Kindern **umgeht**. / Sie **kennt sich mit** Kindern **aus**.
>
> She knows how to **handle** children.
> Sie weiß, wie man Kinder (richtig) **behandelt**.
> Sie weiß, wie man Kinder „**händelt**".

Die Wörter *deal* und *cope* brauchen *with*; *handle* aber nicht!

Generell gibt es das deutsche *Stehen* wesentlich häufiger als das englische *stand*. Nicht nur Anfänger sollten beim *Aufstehen* vorsichtig sein, sondern auch Fortgeschrittene bei der Textanalyse:

Deutsch	Englisch
auf**stehen** (v. a. aus dem Bett)	to **get** up
im Text **steht**, dass	in the text it **says** that / the text **says** that
auf seinem T-Shirt **stand**	his T-shirt **said**

ⓘ

Und wo wir gerade bei Texten sind:
Der *Liedtext* oder der nur scheinbar englische *Songtext* heißt auf Englisch *lyrics* – und zwar nur im Plural:

Where can I find the **lyrics** of this song?
Wo kann ich den **Text** von diesem Lied finden?

Check! ☐

44. wenig & weniger

Bei *countables* (also zählbaren Substantiven) ist *few* richtig, bei *uncountables* (↑ II. Grammatik #16) aber *little*. Auch die Steigerungsformen haben es in sich.

	bei countables	bei uncountables
Positiv	few	little
Komparativ	fewer	less
Superlativ	fewest	least

I know **few** football players. But Peter knows even **fewer**.
Ich kenne **wenige** Fußballspieler. Aber Peter kennt noch **weniger**.

Aber:

Mum's got **little** time. But dad's got even **less**.
Mama hat **wenig** Zeit. Aber Papa hat noch **weniger**.

"I'm looking for the game with the
fewest pieces, so that when I lose
you'll have **less** to pick up after
I throw the board."

45. Ehegatten und andere Männer

Uns Deutschen fällt es – zumindest sprachlich – recht schwer, englische Ehemänner von anderen Männern zu unterscheiden, da unsere Muttersprache eigentlich gar keinen Unterschied macht:

Deutsch	Englisch
Mann	man
(Ehe-)Mann	husband
Dame, Frau	lady, woman
(Ehe-)Frau	wife

Eine Ehefrau einfach als *woman* zu beschreiben ist abwertend und sollte nicht nur in sachlichen Texten vermieden werden. Auch bei einer „normalen" Frau ist *lady* höflicher als *woman*:

Do you know that **lady** over there?
Kennst du die **Dame/Frau** da drüben?

Vorsicht ist auch bei der Rechtschreibung geboten:
↑ II. Grammatik #26.

Check! ☐

46. (sich) unterscheiden

Im Englischen muss man bei der Übersetzung dieses
Wortes genau aufpassen:

<u>sich</u> unterscheiden	<u>etwas</u> unterscheiden (von/ zwischen)
kein direktes Objekt möglich (=intransitiv)	direktes Objekt nötig (=transitiv)
to differ to differ in to differ from	to distinguish between A and B to distinguish A from B to differentiate between A and B to differentiate A from B to tell A from B

The twins **differ** considerably.
Die Zwillinge **unterscheiden sich** erheblich.

They **differed in** outward appearance.
Sie **unterschieden sich** äußerlich.

Aber:

Can you **distinguish between** right and wrong?
Can you **differentiate** right **from** wrong?
Can you **differentiate between** right and wrong?
Kannst du **zwischen** richtig und falsch **unterscheiden**?

He couldn't **tell** red **from** green.
Er konnte rot nicht **von** grün **unterscheiden**.

Check! ☐

47. Politik

Zunächst einmal gibt es ein grammatisches Problem, da es die deutsche *Politik* nur im Singular gibt, die englische aber nur im Plural: ***politics***.

Hinzu kommt eine feine Unterscheidung in der Bedeutung.
Politics wird nur eingesetzt, wenn man von *Politik im Allgemeinen* spricht:

> He's fed up with **politics**.
> Er hat die Schnauze voll von **(der) Politik**.

> I don't like his **politics**.
> Ich mag seine **Politik** nicht. (= politische Ansichten im Allgemeinen)

Aber:

Sobald es um eine bestimmte **Politikrichtung**, einen **Politikstil** oder die **politische Strategie** geht, ist *policy* angebracht:

> His **health policy** is highly controversial.
> Seine **Gesundheitspolitik** ist stark umstritten.

> US **foreign policy** led to isolation.
> Die US-**Außenpolitik** führte zu Isolation.

Deutsch	Englisch
Politik (allgemein)	politi**cs**
Politik, Politikrichtung	policy
Politikerin, Politiker	politi**ci**an (!)

Check! ☐

48. früher/damals

Im Grunde gibt es im Englischen kein gleichwertiges Pendant für *früher/damals* . Daher weichen viele Deutsche auf *in former times* aus. Das mag zwar verstanden werden, wird aber von Muttersprachlern eher selten benutzt. Stattdessen kann man sich besser behelfen mit:

- *back then*
- *300 years ago*
- *in 1066*
- *in those days*
- *in the old days*
- *formerly*

Am besten aber wählt man folgende Verbalkonstruktion: *used to* + inf.

He **used to be** attractive.
Er war **früher** einmal attraktiv.

The Romans **used to speak** Latin.
Die Römer haben **früher** Latein gesprochen.

Man kann auch beides kombinieren:

Back then pubs **used to** close at 11 pm.
Früher haben die Kneipen um 23:00 Uhr geschlossen.

Zwei Varianten drängeln sich um die beste Übersetzung:
- *to search*
- *to look for* (≠ *to look after* = sich kümmern um!)

Die beste Wahl ist grundsätzlich *to look for*:

I've been **looking for** freedom.
Ich habe **nach** Freiheit **gesucht**.

She is **looking for** her keys.
Sie **sucht** (gerade) ihre Schlüssel.

To search for geht zwar auch, es betont aber eine tendenziell intensivere Suche; eine Nebenbedeutung heißt auch *durchsuchen*. Deshalb ist für die Internetsuche *search* angemessener:

At the border they **searched** him thoroughly.
An der Grenze haben sie ihn gründlich **durchsucht**.

He **searched** the Internet for more information.
Er **durchsuchte** das Internet nach mehr Informationen.

> ***Internet*** wird im Englischen groß geschrieben!

Check! ☐

50. wollen, dass 🐝

Die für Deutsche naheliegende Wiedergabe mit ~~want that~~ ist **nicht möglich**. Stattdessen benötigt man eine Infinitivkonstruktion:

I **want you to carry** my bag.
Ich **möchte**, **dass du** meine Tasche **trägst**.

We **don't want you to marry** her.
Wir **wollen nicht**, dass du sie **heiratest**.

Übrigens: Nicht selten werden beim Übersetzungsversuch von *wollen* auch die Verben *would* oder *will* bemüht; beides geht trotz scheinbarer Ähnlichkeit mit dem Deutschen nicht.

Machen ist eins der fehleranfälligsten Verben bei der Übersetzung ins Englische. Einerseits kommt es ohnehin in jeder Sprache recht häufig vor, andererseits leistet sich das Englische zudem gleich zwei Verben: *do* und *make*.

Hier einige wichtige Wendungen:

Deutsch	Englisch
gute Arbeit abliefern / „einen guten Job **machen**"	to **do** a good job
Hausaufgaben **machen**	to **do** homework
Frühstück **machen** (frühstücken)	to **make** breakfast (to **have** breakfast)
eine Party **machen**	to **have** a party
eine Entscheidung **treffen**	to **make** a decision

Faustregel:

do wird eher bei Aufgaben benutzt; die man erledigt, *make* eher, wenn man etwas herstellt.

Check!

52. Milliarden und andere Zahlen

Ein unscheinbarer, aber durchaus folgenschwerer
Fehler unterläuft Schülern gerne beim Interpretieren
von Zahlen. Aber auch deutsche Geschäftsleute leben
gefährlich, wenn es auf Englisch um das große Geld
geht:

Deutsch	Englisch
eine Million	one million
eine **Milliarde**	one **billion**
eine Billion	one trillion

Um eine große Menge von etwas darzustellen, geht
man schnell in die Tausende. Aber auch da muss man
„richtig" zählen können:

Tausende von Pinguinen	thousands of penguins
mehrere tausend Pinguine	several thousand penguins
Hunderttausende von	hundred**s of thousands** of

Aus verständlichen Gründen wird hier gerne *write* bzw. *hold* verwendet. Beides ist jedoch falsch.

eine Arbeit schreiben:

- to take an exam/a test
- to have an exam/a test
- to sit an exam/a test

eine Rede halten:

- to give a speech
- to deliver a speech

"You should know better than to **give a speech** in the morning before you've had your coffee."

Check!

54. kennen lernen, erfahren

Ob *kennen lernen* oder *erfahren* – meistens muss das
eher unschöne *get to know* herhalten. Dabei heißt
to learn nicht einfach nur *lernen*, sondern eben auch
erfahren:

Deutsch	Englisch
etwas erfahren	to **learn** something to find something out
jdn. (zum ersten Mal) kennen lernen	to meet sb
jdn. näher kennen lernen	to get to know sb (better)

Here the reader **learns** that Harry is a wizard.
Hier **erfährt** der Leser, dass Harry ein Zauberer ist.

They first **met** at a party.
Sie haben sich auf einer Party **kennen gelernt**.

I **got to know** him (better) in the holidays.
Ich habe ihn im Urlaub **näher kennen gelernt**.

Check! ☐

Die häufigen Verben *talk, tell, say* und *discuss* mögen ähnlich sein, aber es lauern diverse Fallstricke, da sie nicht generell untereinander austauschbar sind.

to talk: reden, sprechen, erzählen, sich unterhalten
>**Let's talk about** school.
>Lass uns über die Schule **reden**.
>**Talk to** me **about** your problems.
>**Rede/Sprich** mit mir über deine Probleme.

to tell: erzählen, jdm. etw. sagen/mitteilen
>**Tell me** about your teachers.
>**Erzähle** mir von deinen Lehrern.
>**I** (!) **was told** he was at home.
>**Mir** wurde **gesagt**, dass er zu Hause war.

to say: sagen
>Then he **said** he didn't see her.
>Dann **sagte** er, er habe sie nicht gesehen.

Wenn man jemandem etwas sagt, ist *to tell* zu bevorzugen; wer trotzdem unbedingt *say* nehmen möchte, muss ein *to* einfügen, denn nach *say* kann keine Person als direktes Objekt stehen:

>Was hast du ihm gesagt?
>What did you **say** to him?

Besser: What did you **tell** him?

to discuss: reden (**to debate**: diskutieren)
Im Gegensatz zum Deutschen geht es bei *discuss* **ohne** Präposition (~~about~~ o.ä.) direkt zum Objekt:
>He wants to **discuss** our climate.
>Er will **über** unser Klima **reden**.

Check! ☐

IV. Häufige Verwechslungen – Frequently confused words

56. much & many (a lot of, lots of)

Einer der häufigsten Fehler überhaupt trotz eines erstaunlich einfachen Grundprinzips:

> *much* = Singular (uncountables)
> *many* = Plural (countables)

He does not have **much time**. (↑ II. Grammatik #16)
Do **many** Germans travel to Spain?

Wo wir gerade beim Thema *viel* sind: Gerne vertauscht oder gar vermischt werden auch *a lot of* und *lots of*. Beide sind bedeutungsgleich, wobei *lots of* aber deutlich umgangssprachlicher klingt. Im Gegensatz zu *much/many* spielt der Numerus allerdings keine Rolle:

We have **a lot of homework**.
We have **lots of homework**.

He has got **a lot of friends**.
He has got **lots of friends**.

> Zum Schluss noch eine Faustregel: *much/many* wird besonders in Fragen und negativen Sätzen bevorzugt.

Check! □

57. this & these

Häufig aber unnötig falsch werden *this* bzw. *these* eingesetzt. Es handelt sich dabei lediglich um einen Numerus-Unterschied:

> this [ðɪs] = Singular   these [ðiːz]= Plural

This person stole the money.
This book is my favourite one.

These people saw the man.
I don't like **these books**.

"See kids? **This** is a LETTER. A LETTER.
Back when I was a kid, people would send
these all the time. There was no
such thing as e-mail."

Ein typischer Flüchtigkeitsfehler ist die Verwechslung von *there*, *their* und *they're*:

Engl.	Dt.	Aussprache	Wortart
there	da, dort	[ðeə(r)]	Adverb des Ortes
their	ihr(e)	[ðeə(r)]	Possessivpronomen
they're	sie sind	[ðeɪ(r)]	= they are Personalpronomen + 3. Pl. von **to be**

(r) = BE ohne [r], AE mit [r]

Where is Mr. Smith? – **There** he is.
Is this **their** money? – No, it's mine.
Are they clever? – No, **they're** really stupid.

Unknown fact: Cows aren't grazing…
they're searching for **their** contact lenses.

Check! ☐

59. except & accept

Engl.	Dt.	Aussprache	Wortart
to accept	annehmen, akzeptieren	[ək'sept]	Verb
except	außer	[ɪk'sept]	Präposition

He likes everyone **except** me.
Er mag alle **außer** mir.

I **accepted** his apology.
Ich **nahm** seine Entschuldigung **an**.

I am prepared **to accept** all your conditions **except** the last one.
Ich bin bereit, alle deine Bedingungen **außer** der letzten zu **akzeptieren**.

"The divorce was bitter."

Beides kann mit *glücklich* übersetzt werden, wenngleich auf Deutsch bei *to be lucky* meist eine Wendung mit *Glück haben* besser passt. Im Englischen wird allerdings genau unterschieden, ob es sich eher um einen **„äußeren" Zufall** oder ein **„inneres" Gefühl** handelt.

We're going to get married next Saturday. I'm so **happy**!
Nächsten Samstag werden wir heiraten. Ich bin so **glücklich**!
(~ inneres Glück, innere Zufriedenheit)

I was **lucky** that the car missed me.
Ich **hatte Glück**, dass das Auto mich nicht erwischt hat.
(~ glücklicher Zufall)

All lottery winners are **lucky** – whether they are also **happy** is quite a different matter.
Alle Lottogewinner **haben Glück** – ob sie auch **glücklich** sind, ist eine ganz andere Frage.

"We're lucky – it could be raining."

Check! ☐

61. food & foot

Schriftlich werden diese beiden Wörter kaum verwechselt; vielmehr bereitet die korrekte Aussprache hier Probleme.

Oft wird der Doppelvokal **oo** kurz gesprochen [ʊ]: *book, good, hook, stood, took* usw., das gilt auch für *foot* oder den New Yorker Stadtteil *Brooklyn*. Beide werden jedoch meist falsch mit langem Vokal gesprochen, wohl in Anlehnung an *food*.

Hinzu kommt ein Problem bei der Bildung des Plurals: *foot* ist unregelmäßig, *food* gehört zu den *uncountables* (↑ II. Grammatik #16):

Deutsch	Englisch	Aussprache	Plural (!)
Fuß	foot	[fʊt]	feet
Essen, Nahrung, Lebensmittel	food	[fuːd]	-

My **foot** hurts.   My **feet** hurt.
Mein **Fuß** tut weh.   Meine **Füße** tun weh.

Let's have some **food**./Let's have something to eat.
Lass(t) uns etwas **essen**.

ⓘ

An dieser Stelle sei darauf hingewiesen, dass Wörter wie Fuß auf Deutsch sehr häufig falsch mit Doppel-**s** geschrieben werden: Fuß, Fußball, Straße, Größe, groß, weiß usw. Nach langem Vokal folgt **-ß** (z. B. Maß), nach kurzem Vokal **-ss** (Masse). Und das ist leider nicht optional …!

Check! ☐

62. because of & because

Diese nützlichen Ausdrücke werden zwar beide in
kausalem Zusammenhang gebraucht, man muss sie
aber dennoch sorgfältig unterscheiden:

Englisch	Deutsch	Wortart
because	weil	Konjunktion
because of	wegen	Präposition

Bei *because* handelt es sich um eine Konjunktion; es
leitet also einen kompletten (Neben-)Satz ein:

> She broke up with Jack **because** he talked too
> much.
> Sie machte mit Jack Schluss, **weil** er zu viel redete.

Der Präposition *because of* dagegen folgt ein
Substantiv (das u. a. durch Adjektive oder
Possessivpronomen ergänzt werden kann):

> Later she married John **because of** his money.
> Später heiratete sie John **wegen** seines Geldes.

Wegen steht im Deutschen übrigens mit dem
Genitiv!

Check!

63. while & during

Diese Wörter werden häufig falsch eingesetzt, da sie beide mit *während* übersetzt werden können. Es gibt allerdings einen wichtigen grammatikalischen Unterschied:

Englisch	Deutsch	Wortart
while	während, wohingegen	Konjunktion
during	während	Präposition

While leitet also einen ganzen Satz ein, *during* braucht nur ein Substantiv:

While I was watching TV, the telephone rang.
Während ich fernsah, klingelte das Telefon.

During the summer holidays I slept a lot.
Während der Sommerferien habe ich viel geschlafen.

Check! ☐

Erstaunlich viele Fehler passieren mit diesen zwei Wörtern:

Englisch	Deutsch
then	dann, danach
than	als (nur bei Vergleichen!)

We met at the cinema and **then** we went home.
Wir trafen uns am Kino und gingen **dann/danach** nach Hause.

They split up for six months, but **then** they got married.
Sie trennten sich für sechs Monate, aber **dann** haben sie geheiratet.

Aber:

John is older **than** Jim.
John ist älter **als** Jim.

Jane is more self-confident **than** Ginny.
Jane ist selbstbewusster **als** Ginny.

Check!

65. it's & its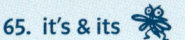

Dieser Klassiker zählt (sogar bei Muttersprachlern!) zu den Top-Ten-Fehlern, obwohl eigentlich alles schnell erklärt ist:

Englisch	Erklärung	Deutsch
it's	= it is	es ist
its	Possessivpronomen	sein/e; ihr/e

Viele tendieren dazu, grundsätzlich die apostrophierte Variante zu wählen, ungeachtet der Tatsache, dass auch das nicht-apostrophierte Possessivpronomen *its* regelmäßig vorkommt. Man frage sich einfach jedes Mal, ob man statt *it's* auch *it is* sagen könnte.

It's not my fault!
Es ist nicht meine Schuld!

Look at the door – **its** handle is broken!
Schau mal die Tür an – **ihre** Klinke ist kaputt.

Nur wenige Texte kommen ohne diese Wörter aus, daher lohnt es sich, auch diese Fehlerquelle zu beseitigen. Merke:

Englisch	Aussprache	Erklärung
where	[weə]	wo
wear		tragen, anhaben
we're	[wɪə]	= we are
were	[wəː]	Simple Past von *to be* bei *you/we/they*

Where did you do your homework?
Wo hast du deine Hausaufgaben gemacht?

He likes to **wear** jeans.
Er **zieht** gerne Jeans **an**.

We're almost there.
Wir sind fast da.

They **were** simply mad.
Sie **waren** einfach verrückt.

Check! ☐

67. human & humane

Auch wenn irren ja bekanntlich *menschlich* ist, macht das Englische im Gegensatz zum Deutschen einen wichtigen Unterschied.

human [ˈhjuːmən]
Diese Variante wird immer gebraucht, wenn man den biologischen Unterschied z. B. zum Tier deutlich machen möchte:

It is a **human** bone.
Es ist ein **Menschen**knochen/der Knochen eines **Menschen**.

To err is **human**.
Irren ist **menschlich**.

humane [hjuːˈmeɪn]
Hier geht es dagegen eher um ethische Aspekte (Mitgefühl, Empathie u. ä.):

It is **not humane** that so many people have no access to the public health system.
Es ist **unmenschlich**, dass so viele Leute keinen Zugang zum Gesundheitssystem haben.

The working conditions in this factory are **inhumane**.
Die Arbeitsbedingungen in dieser Fabrik sind **unmenschlich**.

Zunächst lassen sich beide Verben mit *wählen* übersetzen (wobei viele Deutsche inzwischen offenbar auch *voten* können).

Ein oft übersehener Unterschied ist, dass *to vote* eine Präposition (*for* oder *against*) verlangt, anders als *elect* und auch anders als das deutsche *wählen*.

I'm going to **vote for** Mr Smith.
Ich werde Mr. Smith wählen/für Mr. Smith stimmen.

Let's **elect** Mr Miller.
Lass(t) uns Mr. Miller **wählen**.

"If the elections were today, would you vote for the stupid candidate or the evil candidate?"

Check!

69. marriage & wedding

Für die *Ehe* wird oft *wedding* eingesetzt – was leider falsch ist: *wedding* ist nur der Tag des Festes und der Eheschließung. Die Zeit danach heißt *marriage.*

Englisch	Deutsch
wedding	Hochzeit, Hochzeitsfeier
marriage	Ehe

Zudem wird **marriage** oft falsch ausgesprochen: Erstens hat es eine sanfte Endung, zweitens ist das zweite **a** stumm: ['mærɪdʒ].

"Instead of going through a wedding, marriage and divorce, let me just give you the key to my house."

Die Verwechslung dieser beiden Wörter ist ein Klassiker in den Fehlerlisten:

Englisch	Wortart	Deutsch
weather	Substantiv	Wetter
whether	Konjunktion	ob

What is the **weather** like in Scotland?
Wie ist das **Wetter** in Schottland?

I don't know **whether** I should write to her.
Ich weiß nicht, **ob** ich ihr schreiben soll.

Who knows **whether** the **weather** is going to turn bad?
Wer weiß schon, **ob** das **Wetter** schlecht wird?

Check!

71. at least & at last

Wenn man schon *at least* verwendet, dann *wenigstens* an der richtigen Stelle:

Englisch	Deutsch
at least	mindestens, wenigstens
at last (= finally)	endlich, schließlich

You should **at least** send some flowers.
Du solltest **wenigstens** ein paar Blumen schicken.

At last you're doing what I told you to do!
Endlich machst du, was ich dir gesagt habe!

> ⓘ
> Ohne die Präposition *at* ist *least* außerdem der Superlativ zu *little* (↑ III. Übersetzung #44). So erklärt sich die bekannte Wendung, die sogar im Deutschen gebräuchlich ist: *Last but not least….*

Englisch	Deutsch
(the) least	der/die/das kleinste, wenigste
(the) last	der/die/das letzte

Check! ☐

72. excuse me & sorry

> Eine kleine Faustregel hilft in fast allen Fällen:
>
> | Englisch | Erklärung |
> |----------|-----------|
> | excuse me | sagt man **vorher** |
> | sorry | sagt man **hinterher** |

Mit *excuse me* leitet man ein Art „Vorentschuldigung"
ein, dafür dass man z. B.:
- jemanden unterbricht
- jemanden nach etwas fragt
- jemanden bewusst aber möglicherweise
  notgedrungen in irgendeiner Form beeinträchtigt.

Man kann sich anschließend gleich dafür
entschuldigen, aber nur mit *sorry*.

> **Excuse me**, but I really need to get past you.
> **Entschuldigung**, ich muss hier mal vorbei.

> **I'm sorry** (that I stepped on your foot).
> **Verzeihung** (dass ich auf Ihren Fuß getreten bin).

Eine schöne, förmlichere Alternative ist *to apologize*:

> I would like to **apologize** for shouting at you.
> Ich möchte mich dafür **entschuldigen**, dass ich dich
> angeschrien habe.

Check! ☐

73. quiet & quite

Zwar sehen sich diese beiden Wörter sehr ähnlich, doch haben sie völlig unterschiedliche Bedeutungen:

Deutsch	Englisch	Aussprache	Plural (!)
quiet	Adjektiv	[ˈkwaɪət]	ruhig, leise
	Substantiv		Ruhe, Stille
quite	Adverb	[kwaɪt]	ziemlich, völlig

quite (besonders BE):
He is **quite** tall.
Er ist **ziemlich** groß.
AE eher: He is **pretty** tall.

This is **quite** a different matter.
Das ist eine **völlig** andere Sache.
AE eher: This is a **completely** different matter.

quiet:
I'm looking for some peace and **quiet**.
Ich suche nach **Ruhe** und Frieden.

Please be **quiet**.
Bitte sei/seien Sie **leise/still**.

Wer Kritik üben will, sollte wissen, wie es geht. Dies ist nämlich eine äußerst fehleranfällige Wortfamilie:

Englisch	Aussprache	Deutsch
to criticize	[ˈkrɪtɪsaɪz]	kritisieren
critic	[ˈkrɪtɪk]	Kritiker/in
criticism	[ˈkrɪtɪsɪzəm]	**Kritik**
critical	[ˈkrɪtɪkl]	kritisch, entscheidend
critique (eher selten)	[krɪˈtiːk]	• Kritik (Gruppe an Kritikern) • schriftl. Abhandlung
review	[rɪˈvjuː]	Rezension

Der häufigste Fehler ist der „falsche Freund" *critic*/ **Kritik**: Das englische Wort bezeichnet die Person, das deutsche aber die Sache.
(↑ VII. Verschiedenes D)
Zudem wird *criticize* oft falsch geschrieben
(↑ I. Rechtschreibung #12).
Die *Film-* oder *Buchkritik*, auch *Rezension* genannt, heißt auf Englisch stets *review*.

Check! ☐

75. opinion & meaning

Auch hier spielt ein falscher Freund eine Rolle:
meaning ≠ *Meinung*.

Englisch	Deutsch
opinion	**Meinung**, Ansicht
meaning	Bedeutung

In my **opinion** he is mad.
Meiner **Meinung** nach ist er verrückt.

Can you guess the **meaning** of this symbol?
Kannst du die **Bedeutung** dieses Symbols erraten?

Opinion wird zudem nur mit einem **p** geschrieben
(↑ I. Rechtschreibung #11).

Das entsprechende Verb (*to mean*) kann sowohl
bedeuten als auch *meinen* heißen:

What does it **mean**?
Was **bedeutet** das?

You **mean** he is not mad?
Du **meinst** also, er ist nicht verrückt?

No, that's not what I **mean**!
Nein, das ist nicht das, was ich **meine**!

Dieser häufige Fehler ist sicher meist auf Flüchtigkeit zurückzuführen. Dabei bietet das Deutsche eine schöne Eselsbrücke, denn die Auslaute im Deutschen sind die gleichen:

Englisch	Deutsch
to thin**k**	den**k**en
a thin**g**	Din**g**, Sache

I **think** you should really go to bed earlier.
Ich **denke**/finde, du solltest wirklich früher ins Bett gehen.

Don't forget your **things**.
Vergiss deine **Sachen** nicht.

Vorsicht bei der Aussprache: *think* beginnt mit einem th [θ] im Anlaut, sonst geht man schnell unter: *sink*.

Übrigens gibt es auch eine englische Entsprechung für das beliebte umgangssprachliche Füllwort *Dingsda* oder *Dings*: *thingy* oder *thingamajig/ thingamabob.*

Check! ☐

77. dead & death

Die gegensätzlichen Auslaute im Deutschen sind bei diesem Wortpaar Ursprung der Verwechslung:

Englisch	Wortart	Deutsch
dea**d**	Adjektiv	to**t**
death	Substantiv	To**d**

His **death** was really tragic.
Sein **Tod** war wirklich tragisch.

There's at least one **dead** person in every good tragedy.
In jeder guten Tragödie gibt es mindestens eine **tote** Person.

© Mike Baldwin / Cornered

"[The] Cause of **death** is still unknown. We hope to learn more once he's **dead**."

Aller Anfang ist schwer und fehleranfällig. Leider ist es das Ende auch:

Englisch	Deutsch
at the beginning of X	am Anfang von X
at the end of X	am Ende von X
in the beginning	anfangs, zunächst; im Anfang (bibl.)
in the end	schließlich, letzten Endes
happy end**ing**	Happy End

At the beginning of the book he is really sad.
Am Anfang des Buches ist er sehr traurig.

At the end of the story he has defeated all his enemies.
Am Ende der Geschichte hat er alle seine Feinde besiegt.

In the beginning God created the heaven and the earth.
Im Anfang schuf Gott Himmel und Erde.

In the beginning, he was very shy.
Zunächst war er noch sehr schüchtern.

In the end, it wouldn't have mattered.
Letzten Endes wäre es egal gewesen.

What a **happy ending**!
Was für ein **Happy End**!

Check!

79. cause, course & curse

Die folgenden Wörter werden sowohl im mündlichen als auch im schriftlichen Sprachgebrauch häufig verwechselt:

Englisch	Aussprache	Deutsch
the **cause**	[kɔːz]	Grund, Ursache
to **cause**		verursachen
'cause	[kəz]	= **because**
the **course**	[kɔːs]	Lauf, Kurs
in the **course** of		im Verlauf von
of **course**		natürlich
the **curse**	[kɜːs]	der Fluch
to **curse**		verfluchen, fluchen

This is the **cause** – get rid of the **curse**!
Dies ist die **Ursache** – schaff dir den **Fluch** vom Hals!

Of course this will **cause** a disaster.
Natürlich wird dies eine Katastrophe **verursachen**.

In the course of the story he changes.
Er verändert sich **im Verlauf der Geschichte**.

Dido **cursed** the Romans **because** Aeneas left her behind.
Dido **verfluchte** die Römer, **weil** Äneas sie sitzen ließ.

> ⓘ
> Übrigens: Die umgangssprachlichen Abkürzungen *'cause* oder gar *'coz* haben in sachlichen Texten nichts zu suchen.

Check! ☐

80. to & too & two

Eigentlich sind sicher jedem die Bedeutung(en) dieser drei Homophone (also Wörter, die gleich ausgesprochen werden) bekannt. Falsch geschrieben wird zwar meist nur eines davon, das aber dafür sehr oft: *too* im Sinne von *zu* vor Adjektiven muss regelmäßig um das zweite **o** kämpfen.

It was **too late**.
Es war **zu spät**.

This happens **too often**.
Dies passiert **zu häufig**.

In der Bedeutung *auch* hat *too* ebenfalls zwei **o**. Dies wird jedoch selten falsch gemacht.

"Well, that makes **two** of us. I'm lost **too**."

Check!

81. although, though, through, tough, thorough

Hier gibt es gleich fünf Wörter, die sich miteinander verwechseln lassen:

Englisch	Aussprache	Deutsch
although	[ɔːl'ðəʊ]	obwohl
though	['ðəʊ]	obwohl; allerdings, aber
through	[θruː]	durch
tough	[tʌf]	hart, zäh
thorough	['θʌrə]	gründlich

Although it's raining, we're playing tennis.
Though it's raining, we're playing tennis.
Obwohl es regnet, spielen wir Tennis.

I don't want to play tennis, **though**.
Ich will **aber** nicht Tennis spielen.

His uncle does not like him **though**.
Sein Onkel mag ihn **allerdings** nicht.

Let's go **through** this tunnel.
Lass(t) uns **durch** diesen Tunnel gehen.

Johnny is a really **tough** guy.
Johnny ist wirklich ein **harter** Kerl.

The police conducted a **thorough** search of the house.
Die Polizei führte eine **gründliche** Hausdurchsuchung durch.

Check! ☐

Folgenschwere Verwechslungen lassen sich immer wieder bei diesen vier Wörtern beobachten.
Zudem gibt es bei *white* und *with* vorwiegend in der Unter- und Mittelstufe viele Varianten von Rechtschreibfehlern.

Englisch	Wortart	Deutsch
witch	Substantiv	Hexe, Zauberin
which	Fragepronomen oder Relativpronomen	Welche/r/s? oder der, die, das usw.
white	Adjektiv	weiß
with	Präposition	mit

Which one is your car?
Welches Auto ist deins?

It's the road **which** was built in 1999.
Es ist die Straße, **die** 1999 gebaut wurde.

Is she really a **witch**?
Ist sie wirklich eine **Zauberin**?

I really don't like **white** cars.
Weiße Autos mag ich wirklich nicht.

Why don't you go to the cinema **with** her?
Warum gehst du nicht **mit** ihr ins Kino?

Check!

83. to remember & to remind

Sich erinnern (intransitiv) und *jemanden erinnern* (transitiv) wird im Deutschen mit demselben Verb ausgedrückt. Im Englischen ist es jedoch nicht so einfach:

Englisch	Deutsch
to remind sb of sth	jemanden an etwas erinnern
to remember	**sich** erinnern, an etwas denken

Remind him of her birthday.
Erinnere ihn an ihren Geburtstag.

I just can't **remember**.
Ich kann **mich** einfach nicht **erinnern**.

To remember kann durchaus auch ein direktes Objekt haben, aber dieses kann keine Person sein, die man *an etwas erinnert*:

Please **remember** her birthday!
Denke bitte **an** ihren Geburtstag!

Kapiert oder gesagt? Wo im Deutschen *bemerken* reicht, unterscheidet das Englische zwischen *realize* und *remark*:

Englisch	Synonym	Deutsch
to realize sth	≈ to notice	etwas kapieren, etwas **(be)merken**, etwas feststellen
to remark sth	≈ to say	eine Anmerkung machen, eine Bemerkung machen, etwas an-/**bemerken**

Jake **realized** what a nice girl she was.
Jake **(be)merkte**, was sie für ein nettes Mädchen war.

Emma **remarked** that it might rain tomorrow.
Emma **merkte an**, dass es morgen regnen könnte.

Check! ☐

85. to threaten & to treat

Beide Verben werden wohl wegen einer gewissen Ähnlichkeit häufig verwechselt und zudem noch mit merkwürdigen Stammformen bedacht – dabei sind sie vollkommen regelmäßig:

Infinitiv	Past	Participle	Substantiv
to treat behandeln	treated	treated	treatment
to threaten bedrohen	threatened	threatened	threat

Zudem braucht *to treat* immer das Adverb (↑ II. Grammatik #19):

He **treated** me bad**ly**.
Er **behandelte** mich schlecht.

The burglars **threatened** him until he told them his secrets.
Die Einbrecher **bedrohten** ihn, bis er ihnen seine Geheimnisse verriet.

Zugegeben, gemein ist nicht nur die große Ähnlichkeit dieser Wörter, sondern auch, dass *lie* und *lay* mehrdeutig sind:

Infinitiv	Past	Participle	Deutsch
to **lie**	**lay**	lain	liegen
to **lay**	laid	laid	legen
to **lie**	lied	lied	lügen

Bei den zweideutigen Formen muss der Kontext entscheiden:

He was **lying** in the sun.
Er **lag** in der Sonne.

She knew he was **lying**.
Sie wusste, dass er **log**.

He **laid** his newspaper on the sunbed.
Er **legte** die Zeitung auf den Liegestuhl.

Check! ☐

87. to fall & to feel (& to fell)

Zu den verwechslungsanfälligen *to fall* und *to feel* gehört noch das eher seltene *to fell*. Letzteres ist dafür aber regelmäßig:

Infinitiv	Past	Participle	Deutsch
to fall	**fell**	fallen	fallen
to feel	felt	felt	fühlen
to **fell**	felled	felled	fällen

He **fell** (down) from the tree.
Er **fiel** vom Baum (herunter).

He **felt** like a loser.
Er **fühlte** sich wie ein Verlierer.

Full of anger, he **felled** the tree.
Vor lauter Wut **fällte** er den Baum.

Check! ☐

Ein Verbpaar, das oft verwechselt wird, insbesondere wegen der Mehrdeutigkeit von *found:*

Infinitiv	Past	Participle	Deutsch
to find	**found**	**found**	finden
to **found**	founded	founded	gründen

Have you **found** your keys?
Hast du deine Schlüssel **gefunden**?

Let's **found** a new city!
Lass(t) uns eine neue Stadt **gründen**!

I **found** the audiobooks, computer access points, DVDs, conference rooms and community focus points…could you tell me where the BOOKS are?

Check! ☐

Der oft amüsante Klassiker unter den Verwechslern, zum Beispiel:
I became a baby oder *I become a beefsteak*. Beide Sätzchen waren vermutlich von ihren Sprechern nicht beabsichtigt, denn sie wollten wohl kaum **ein Baby** oder gar **ein Steak** *werden:*

Englisch	Deutsch	Erläuterung
to become + Substantiv	werden	v. a. bei Berufen
to become + Adjektiv	werden	formaler als *get*
to get + Adjektiv	werden	umgangssprachlicher als *become*
to get	bekommen	≈ to receive

She **became** a famous singer.
Sie **wurde** eine berühmte Sängerin.

He **became/got** rich.
Er **wurde** reich.

She **got** what she wanted.
Sie **bekam**, was sie wollte.

Aber:

She **had** a baby.
Sie **bekam** ein Baby.

90. to grow & to show + up

Englisch	Deutsch
to grow	wachsen, etwas anpflanzen
to grow up	aufwachsen, groß werden
to show	zeigen, etwas **auf**zeigen
to show up (AE) to turn up	aufkreuzen, erscheinen

Wer beispielsweise bei Textanalysen etwas „aufzeigen" möchte, darf nur *show* benutzen. Das naheliegende, aber hier falsche Wörtchen *up* verändert die Bedeutung erheblich:

In this text the author **shows**/**reveals** the problem.
In diesem Text **zeigt** der Autor das Problem **auf**.

He just didn't **show up**.
Er **kreuzte** einfach nicht **auf**.

She **grew** potatoes in her garden.
Sie **baute** Kartoffeln in ihrem Garten **an**.

He **grew up** in London.
Er **wuchs** in London **auf**.

Vorsicht bei dem Ausdruck *wachsen lassen*:

He **is growing** a beard. *(let!)*
Er **lässt** sich einen Bart **wachsen**.

Check!

91. to raise & to (a)rise

Diese Verben bezeichnen den gleichen Vorgang. Der entscheidende Unterschied: *to raise* ist ein transitives Verb, es braucht also ein Objekt; *to rise* und *to arise* dagegen sind intransitiv.

Englisch	Deutsch
to raise sth	etwas (an)heben, etwas steigern
to rise	sich erheben, wachsen, sich steigern
to arise	sich erheben, entstehen

It's not a good idea to **raise** taxes.
Es ist keine gute Idee, die Steuern zu **erhöhen**.

The sun **is rising**.
Die Sonne **geht** (gerade) **auf**.

The problem **arises** when you do not listen properly.
Das Problem **ergibt sich**, wenn du nicht richtig zuhörst.

92. see, watch, oversee & hear, listen, overhear

Zunächst die Augen:

Englisch	Deutsch
to see	(zufällig) sehen
to watch	(bewusst) sehen, beobachten
to **oversee**	überwachen, aufpassen auf
to overlook	(aus Versehen) **übersehen**
to ignore	(mit Absicht) übersehen

Dann die Ohren:

Englisch	Deutsch
to hear	(zufällig) hören
to listen to	(mit Absicht) hören, zuhören
to **overhear**	(aus Versehen) mithören
to eavesdrop on	(mit Absicht) lauschen
to ignore	(mit Absicht) **überhören**

Der Auslöser für viele Fehler liegt also zum einen bei den falschen Freunden *übersehen* ≠ *oversee* und *überhören* ≠ *overhear* und zum zweiten darin, wie zufällig oder absichtlich man etwas sieht bzw. hört.

I can **see** many television sets.
Ich **sehe** viele Fernsehgeräte.

I **watch** TV every day.
Ich **schaue** jeden Tag fern.

I can **hear** a radio somewhere.
Ich kann irgendwo ein Radio **hören**.

I never **listen** to the radio.
Ich **höre** niemals Radio.

Check! ☐

93. affect & effect

Beide Wörter sind in ihrer Bedeutung sehr ähnlich. Die Schwierigkeit liegt darin, dass beide fast ausschließlich nur in einer, aber dafür unterschiedlichen Wortart benutzt werden:
to affect als *Verb* und **effect** als *Substantiv*.

Englisch	Deutsch
to affect sb/sth	Auswirkung haben auf jdn./ etw., jdn./etw. betreffen
the effect on sb/sth	die (Aus-)Wirkung auf jdn./etw.
to effect sth	etw. bewirken, etw. erzielen

His complaints had no **effect on** me. [Substantiv]
His complaints didn't **affect** me. [Verb]
Seine Beschwerden hatten keine **(Aus-)Wirkung auf** mich.

Selten: *effect* als Verb

He was given medicine to **effect** some improvement.
Ihm wurden Medikamente gegeben, um eine Besserung **zu erzielen/bewirken**.

Check! ☐

94. receipt & recipe & prescription

Das deutsche *Rezept* hat es gleich mehrfach in sich. Zum einen ist das scheinbar ähnliche *receipt* ein falscher Freund, zum anderen kann man das im Deutschen doppeldeutige Rezept entweder in der Küche oder in der Apotheke gebrauchen:

Englisch	Deutsch
receipt	Beleg (z. B. an der Kasse)
recipe	Rezept (kulinarisch und im übertragenen Sinn)
prescription	Rezept (medizinisch)

Would you like the **receipt**?
Hätten Sie gerne den **Beleg**?

Have you got a good **recipe** for lasagna?
Hast du ein gutes Lasagne-**Rezept**?

He needed a new **prescription** for his headache.
Er brauchte ein neues **Rezept** für/gegen seine Kopfschmerzen.

What is the **recipe** for your success?
Was ist das **Rezept** für deinen Erfolg?

In dieser letzten Bedeutung ist im Englischen das Wort *key* häufiger:
What's the **key** to your success?

Check! ☐

Während *die Engländer* meistens korrekt als *the English* wiedergegeben werden, gibt es bei den *Briten* verschiedene (Fehler-)Möglichkeiten.

Britain

Nur scheinbar dem Deutschen ähnlich bezeichnet man damit als Abkürzung für *Great Britain* ausschließlich das Land, nicht aber seine Bewohner:

People say it rains a lot in **Britain**.

In **England**, so heißt es, regnet es viel.

Übrigens: Der deutsche Gebrauch von *Britain* als Synonym für *England* ist zwar verbreitet, aber natürlich nicht ganz korrekt:

GB (Great Britain)   = England, Scotland, Wales
UK (United Kingdom) = GB + Northern Ireland

British (am häufigsten, aber nur im Plural möglich)

The British hate queue-jumpers.

Die Briten hassen Vordrängler.

British wird auch als Adjektiv groß geschrieben (↑ I. Rechtschreibung #2).

The **British** sense of humour is entertaining.

Der **britische** Sinn für Humor ist unterhaltsam.

Briton

A real **Briton** is always polite.

Ein echter **Brite** ist stets höflich.

Ach ja, *Breton* gibt es auch noch, das aber ist dann der *Bretone* (also der Einwohner der Bretagne).

Check! ☐

Meine Notizen:

V. Zeichensetzung – Punctuation

...*leave it out* – das sollte man sich grundsätzlich merken. Die englische Kommasetzung folgt im Gegensatz zum Deutschen eher inhaltlichen als grammatischen Gesichtspunkten. Dort, wo der Sprecher eine Pause für sinnvoll erachtet, *kann* er ein Komma setzen.

> After all, it wasn't his first foreign language.
> Schließlich war es nicht seine erste Fremdsprache.

Im Deutschen darf hier auf keinen Fall ein Komma stehen, im Englischen schon. Typisch sind Kommas nach einleitenden Adverbien wie *after all* oder *however*.

Aufzählungen:
Während im Deutschen bei Aufzählungen vor dem letzten mit *und* angeschlossenem Element **kein** Komma stehen darf, ist das im Englischen durchaus möglich, besonders wenn es sich um längere Elemente handelt:

> I like red, green(,) and blue.

> Yesterday we went shopping, we met many interesting people, and had a wonderful cup of tea.

Und übrigens:
"Quotations marks" stehen im Englischen **immer oben**!

Check! ☐

97. that und andere Nebensätze

Vor *that* steht grundsätzlich **kein** Komma.
Das gilt insbesondere für die im Deutschen häufigen Sätze mit *dass*:

I think **that** he is mad.
Ich glaube, **dass** er verrückt ist.

It might be possible **that** he helped them.
Es könnte (möglich) sein, **dass** er ihnen geholfen hat.

Generell hilft bei Nebensätzen diese Faustregel weiter:
Kommt der Nebensatz zuerst, wird ein Komma gesetzt, ansonsten eher nicht.

Because/Since/As it was raining, we left.
We left **because/since/as** it was raining.

When he saw me, he smiled.
He smiled **when** he saw me.

If I win the lottery, I will buy a new car.
I will buy a new car **if** I win the lottery.

Im Deutschen dagegen muss bei allen Beispielen der Hauptsatz vom Nebensatz durch ein Komma getrennt werden, egal ob der Nebensatz am Satzanfang oder am Satzende steht.

98. Für Profis: Relativsätze

Relativsätze werden im Deutschen stets mit Kommas vom übergeordneten Satz getrennt, im Englischen hängt die Kommasetzung dagegen von ihrem Inhalt ab. Im folgenden Beispiel sorgt das Setzen bzw. Fehlen des Kommas für einen erheblichen inhaltlichen Unterschied:

Students who are lazy have a hard life.

Aber:

Students, who are lazy, have a hard life.

Man unterscheidet notwendige (*defining*) von nicht notwendigen (*non-defining*) Relativsätzen.

In Satz 1 haben **nur** die faulen Schüler ein hartes Leben.
Es handelt sich um einen notwendigen Relativsatz, weil die Schülergruppe genauer definiert wird.

In Satz 2 dagegen haben **alle** Schüler ein hartes Leben – und sie sind **übrigens auch alle** faul.
Nicht notwendig: die Schülergruppe muss nicht näher definiert werden; der Hinweis auf die Faulheit ist eine neue, zusätzliche Information, die auch weggelassen werden kann.

Ein nicht notwendiger Relativsatz ist die einzige Gelegenheit, bei der vor *that* (dem Relativpronomen) ein Komma stehen darf!

Check! ☐

VI. Stil – Style

99. long forms & short forms

Eine Kleinigkeit kann man problemlos ändern: *short forms* vermeiden. *Long forms* tragen dazu bei, dass Texte ein wenig sachlicher, objektiver, neutraler wirken.

Also lieber...	...statt...
do not	don't
does not	doesn't
will not	won't
would not	wouldn't
did not	didn't
have not	haven't
cannot	can't

usw.

Bitte unbedingt beachten: *cannot* wird als einzige *long form* **immer** zusammen geschrieben.

Wenn aber beispielsweise eine Kreativ-Aufgabe verlangt, einen *Dialog* zu schreiben, sind *short forms* sicher angemessener.

Check!

100. go-get-give und ihre Freunde

Schnelle stilistische Fortschritte kann man erreichen, indem man die Standardverben beispielsweise durch folgende Synonyme ersetzt und damit den typischen „Go-get-give-Stil" vermeidet:

☹	☺
to get better	to improve
to get worse (bitte nicht: ~~badder~~!)	to deteriorate
to make sth worse	to exacerbate
to go back	to return
to give back	to return
to go with sb	to join sb
This could mean that…	This implies that…
It's the same with X.	This also applies to X.
The poem has four paragraphs.	The poem comprises four paragraphs.
He doesn't want to have it.	He declines/ rejects/ refuses it.
Maybe this **is** a good idea.	This **might** be a good idea.

Check! ☐

In sachlichen Texten gilt es zu versuchen, Objektivität und Distanz zu bewahren, indem man *I, you, we* etc. möglichst vermeidet und auf unpersönliche oder passive Wendungen ausweicht. Persönliche Einschätzungen und Interpretationen sind nur angebracht, wenn die Fragestellung das verlangt.

Typisch	Besser
In (bitte nicht: ~~on~~) the cartoon I can see a man sitting on a chair.	In the cartoon a man is sitting on a chair.
In the picture you can see a big car.	The picture shows/ depicts a big car.
In my opinion the author is saying that it is very difficult to solve the problem.	According to the author, it is difficult to solve the problem.
I think you can say that the author wants to criticize their working conditions.	Obviously, the author criticizes their working conditions.

Check! ☐

VII. Verschiedenes – Miscellaneous

A. Struktur und Absätze

Es sollte selbstverständlich sein, ist es aber nicht: Jeder sachliche Text besteht grob aus drei Teilen.

Einleitung (introduction)
- darf kurz ausfallen;
- idealerweise wird das Thema insgesamt angerissen;
- kann Teile der Fragestellung aufgreifen;
- keine Beispiele, keine Argumente, keine Textbelege!

Hauptteil (body/main part)
- Argumente in sinnvoller Reihenfolge;
- sinnvolle Verknüpfungen und Überleitungen einsetzen (*moreover, apart from that, unlike*, etc.);
- Textbezüge möglichst in eigenen Worten wiedergeben und ggf. mit Zitaten belegen;
- Zitate möglichst kurz halten;
- beim Zitieren Zeilenangaben nicht vergessen!

Schluss (conclusion)
- kann ebenfalls kurz ausfallen;
- das Ergebnis der Argumentation im Hauptteil sollte zusammengefasst werden;
- nützliche Wendungen: *by and large / all in all*;
- auf keinen Fall neue Argumente oder Belege!

> Regelmäßige, sinnvolle Absätze erleichtern das Lesen und die Übersicht und sind daher unbedingt einzubauen. Zumindest diese drei o. g. Bereiche sollten so auch optisch deutlich voneinander getrennt werden, um Punktabzüge zu vermeiden.

Check! ☐

B. Aussprache I

1. Betonung

Bei den folgenden Wörtern wird oft die falsche Silbe betont, was das Verständnis sehr erschweren kann und den Gesamteindruck mindert.

develop	[dɪ'veləp]
percent	[pə'sent]
encourage	[ɪn'kʌrɪdʒ]
democracy	[dɪ'mɒkrəsi]
opponent	[ə'pəʊnənt]
representative	[ˌreprɪ'zentətiv]
senate	['senət]

2. Stumme Konsonanten

Es gibt einige stumme Konsonanten, aber besonders **b** und **l** bereiten Probleme:

climb	[klaɪm]	calm	[kɑːm]
comb	[kəʊm]	half	[hɑːf]
dumb	[dʌm]	Lincoln	['lɪŋkən]
thumb	[θʌm]	island	['aɪlənd]
tomb	[tuːm]	muscle	['mʌsl]

3. Vokale

Diese beiden Vokale werden fast immer falsch gesprochen:

company	['kʌmpəni]	„a" **nicht** „o"
knowledge	['nɒlɪdʒ]	**nicht** wie in *know* oder *no*

4. Auslautverhärtung

„Weiche" Auslaute werden auf Deutsch „verhärtet", z. B.:

[d] → [t]	Mon**d**	[moːnt]
[g] → [k]	We**g**	[veːk]
[b] → [p]	Kor**b**	[kɔrp]
[w] → [f]	bra**v**	[braːf]

Diese Auslautverhärtung gibt es im Englischen nicht. Man sollte daher probieren, beim Auslaut auf sanfte, also stimmhafte Aussprache zu achten, z. B. o**f**, pu**b**, foo**d**, ba**g**, lo**se**, lea**ve**. u.v.a.
So machen fast alle Deutschen aus der Love-Parade eine „Lach-Parade", weil sie das **v** wie **f** (la**ugh**) aussprechen; auch zwischen ba**ck** und ba**g** beispielsweise wird keinerlei Unterschied gemacht, was im Englischen zu Verwirrung führen kann. Insbesondere im Süden Deutschlands ist zudem eine dialektale „Anlautverhärtung" verbreitet. Hier sollte man auch auf einen stimmhaften Anlaut achten: **b**rig**d**e, **j**ob, **d**rugs, **j**oin, **J**ames u.v.a.

5. [v] und [w]

Der häufige Anlaut **w** [w] vieler englischer Wörter (**w**hy, **w**hen etc.) wird leider oft auch auf das **v** (**v**illage, uni**v**ersity, tele**v**ision) übertragen. Dabei wird das englische **v** stets wie ein „normales" deutsches **w** [v] ausgesprochen (genau wie das deutsche Wort **V**ideo).

Check! ☐

D. Die häufigsten falschen Freunde I

False friends sind die Wörter, von denen man denkt, dass man sie 1:1 übernehmen kann, die sich aber leider in der Bedeutung stark unterscheiden, *falsche Freunde*, eben. Diese muss man sich einfach einprägen.

Englisch	Deutsch
sensible	vernünftig
sensitive	**sensibel**
actual	eigentlich, tatsächlich
up-to-date, topical, current	**aktuell**
eventually	schließlich, letzten Endes
perhaps, maybe	**eventuell**, vielleicht
to **spend**	(*time*) verbringen, (*money*) ausgeben
to donate	**spenden**
station	Bahnhof
stop	**Station**, Haltestelle
fabric	Stoff, Fasern
factory	**Fabrik**
brave	tapfer, mutig
well-behaved, good	**brav**
to **blame** sb	jdm. die Schuld geben
to make a fool of sb	jdn. **blamieren**

E. Die häufigsten falschen Freunde II

Englisch	Deutsch
critic	Kritiker
criticism	**Kritik**
murder	Mord
murderer	**Mörder**
rent	Miete
pension	**Rente**, Pension
guest house, B&B	**Pension**
chef	Koch
boss	**Chef**, **Boss**
chief	Häuptling, Leiter
map	Karte
folder	**Mappe**
engagement	Verlobung (u. a.)
commitment, dedication	**Engagement**
to **irritate**	(ver)ärgern, nerven
to confuse	**irritieren**, verwirren
AE: **program**, BE: programme	Sendung, (PC-)Programm
channel	**Programm**, Sender

Check!

F. Pseudoanglizismen

Pseudoanglizismen sind eine besondere Form von falschen Freunden: Entweder sind es englische Wörter, die es in die deutsche Sprache geschafft haben, aber dabei eine andere Bedeutung angenommen haben, oder es sind Zusammensetzungen von englischen Wörtern, die es so im Englischen gar nicht gibt.

Englisch	Deutsch
handy BE: mobile (phone), AE: cell(phone)	passend, praktisch **Handy**
beamer video projector	BMW (ugs.) **Beamer**
public viewing public screening, open-air screening	öffentl. Leichenschau **Public-Viewing**
smoking BE: dinner jacket, AE: tuxedo	Rauchen **Smoking**
vintage car	Oldtimer
(USB) flash drive	USB-Stick
talent show	Castingshow
host	Showmaster
happy ending	Happy End
gym	Fitnessstudio
baseball cap	Basecap
twentysomething	Twen

Check! ☐

G. Abkürzungen

Folgende Abkürzungen sollten bekannt sein:

Abk.	Englisch	Deutsch
e.g.	for example (lat.: exempli gratia)	zum Beispiel (z. B.)
i.e.	in other words / that is (lat.: id est)	das heißt (d. h.)
B.C.	before Christ	vor Christus (v. Chr.)
A.D.	in the year of the Lord (lat: anno domini)	nach Christus (n. Chr.)
LTD	limited	≈ GmbH
M.D.	medical doctor	Dr. (med.)
PhD	doctor of philosophy (lat: philosophiae doctor)	Dr.
no.	number	Nummer (Nr.)
CEO	chief executive officer	Vorstandsvorsitzende/r, Chef/in
BRICS	Brazil, Russia, India, China, South Africa	die wichtigsten Schwellenländer
UNO	United Nations Organization	UNO Vereinte Nationen
NATO	North Atlantic Treaty Organization	NATO Nordatlantikpakt
oz.	ounce	Unze (≈ ca. 28 Gramm)

Check! ☐

H. American English vs. British English

Rechtschreibung:

AE	BE
theater, center, etc.	theatre, centre, etc.
behavior, favorite, etc.	behaviour, favourite, etc.
organize, criticize, etc.	organise, criticise, etc.
program	programme

Bedeutung:

AE	BE	Deutsch
cell(phone)	mobile (phone)	Handy
crazy	mad	verrückt
mad	angry	wütend
elevator	lift	Aufzug
eraser	rubber	Radiergummi
football	American football	Football
soccer	football	Fußball
gas	petrol	Benzin
sick	ill	krank
sidewalk	pavement	Gehweg
Mr.	Mr	Herr
Mrs.	Mrs	Frau
Ms.	Ms	Frau (unverheiratet)

Check! ☐

Hier handelt es sich um Wörter, die zwar gleich klingen, aber unterschiedlich geschrieben werden und natürlich auch eine unterschiedliche Bedeutung haben.

Deutsch	Englisch	Englisch	Deutsch
Gang	aisle	I'll	ich werde
Bremse	brake	break	Pause
begraben	bury	berry	Beere
verlassen	desert	dessert	Nachtisch
Gene	genes	jeans	Jeans
es ist	it's	its	sein/ihr
Ritter	knight	night	Nacht
wissen	know	no	kein
Irrgarten	maze	maize	Mais
Fleisch	meat	meet	sich treffen
Prinzip	principle	principal	Direktor
nähen	sew	sow	sähen
Stahl	steel	steal	stehlen
wo	where	wear	tragen
ob	whether	weather	Wetter
wessen	whose	who's	wer ist

Check! ☐

J. Zitieren

Zunächst die wichtigsten Abkürzungen:

p. 10	Seite 10
pp. 10-12	Seiten 10 bis 12
l. 20	Zeile 20
ll. 20-25	Zeilen 20 bis 25
ll. 20 f.	Zeilen 20 und 21
ll. 20 ff.	Zeilen 20 und folgende
cf.	= *confer* (entspricht in etwa dem deutschen „vgl.")
[...]	innerhalb des Zitats wird ein Teil ausgelassen oder hinzugefügt

Grundsätzlich ist empfehlenswert, nicht zu lange Zitate zu wählen, sondern sich auf entscheidende Worte zu konzentrieren. Die Zeilenangabe selbst wird zwar in Klammern gesetzt, aber in den Satz integriert:
According to the author, Mr Smith's idea is "stupid" (l. 2).

Wenn das gewählte Zitat nicht in die grammatische Struktur des eigenen Satzes passt oder die Bedeutung nicht klar wird, darf man innerhalb des Zitats entsprechend ergänzen. Dies wird mit eckigen Klammern gekennzeichnet:
"Andrew denied her [Lizzy] the right to enter." (p. 12).

K. Quellenangaben

Falsche oder gar fehlende Quellenangaben sind nicht nur an der Uni tabu. Auch an der Schule führt das mindestens zu Punktabzug. So macht man's richtig:

Bei Büchern:

Autor, *Titel*, Erscheinungsort: Verlag, Erscheinungsjahr

> Jeff Kinney, *Diary of a Wimpy Kid*, London: Puffin, 2008

Bei Zeitschriften, Magazinen, Anthologien etc.:

Autor, *Titel*. In: Name, Ausgabe, Seiten, Erscheinungsort, Verlag

> Bill Joy, *The Google Guys*. In: Time Magazine, April 18 2005, p. 62-63, New York City, Time Inc.

Bei Internetseiten:

Autor, *Titel*, vollständige URL mit Datum der letzten Überprüfung

> Eliana Dockterman, *These Spiders Eat Fish Twice Their Size*, http://time.com/2903233/these-spiders-eat-fish-twice-their-size (June 20th 2014)

Selbstverständlich sind Angaben wie **„www.google.de"** oder **„www.wikipedia.de"** völlig unzureichend.

Check! ☐

L. Lexikonarbeit

Viele sehen von der Benutzung eines einsprachigen Lexikons ab, weil die Erklärungen der ihnen unbekannten Wörter unverständlich sind und eher neue Fragen aufwerfen. Dabei versuchen inzwischen alle gängigen Ausgaben, die Definitionen auf sprachlich einfachem Niveau zu halten und zudem möglichst viele Synonyme vorzuschlagen.

Von lexikalischer Hilfe abgesehen kann man außerdem mit Hilfe des Lexikons typische Fehler aus folgenden Bereichen einfach vermeiden:
- Rechtschreibung
- Wortart
- Präpositionen
- u. a.

Darüber hinaus bieten heutige Lexika, die auch zur Abiturprüfung zugelassen sind, zahlreiche hilfreiche und übersichtliche Sonderseiten im Anhang, darunter z. B.:
- geographische Bezeichnungen
- Redewendungen
- Abkürzungen
- wie man einen Brief verfasst
- unregelmäßige Verben
- wie man die Tenses bildet
- Zeichensetzung
- u. a.

ⓘ

Es lohnt sich also, sich mit dem Wörterbuch vertraut zu machen, damit man in der Klassenarbeit/Klausur weiß, wo man welche nützlichen Informationen findet.

Index Englisch

Index Deutsch

Bildquellennachweis